世界の難民の子どもたち

⑤「ユーラシア」のレイチェルの話

ユーラシアのある国から脱出してきた、わたしの本当の話。

＊（監修者註）難民の定義はさまざまありますが、この本では、保護を求めて国外に逃れた人を「難民」と呼んでいます。

Rachel's Story - A Journey from a country in Eurasia (Seeking Refuge)
Text and Illustrations ©Mosaic Films 2014
Japanese translation rights arranged with HODDER AND STOUGHTON LIMITED
on behalf of Wayland, a division of Hachette Children's Group
through Japan UNI Agency, Inc., Tokyo

世界の難民の子どもたち
⑤「ユーラシア」のレイチェルの話

2016年10月18日 初版1刷発行

監修　難民を助ける会

作　アンディ・グリン
絵　サルバドール・マルドナド
訳　いわたかよこ
（翻訳協力　株式会社トランネット）

DTP　川本要

発行者　荒井秀夫
発行所　株式会社ゆまに書房

　　　東京都千代田区内神田2-7-6
　　　郵便番号　101-0047
　　　電話　03-5296-0491（代表）

ISBN978-4-8433-4992-2 C0331

落丁・乱丁本はお取替えします。
定価はカバーに表示してあります。

Printed and bound in China

世界の難民の子どもたち
⑤「ユーラシア」のレイチェルの話

わたしはレイチェル。

これは、
ユーラシアのある国から脱出してきた
わたしの話。

＊本巻のレイチェルの出身国は、
ご本人たちの安全上の理由から、明らかにされておりません。
日本語版におきましても、国名ではなく、
原書（英語版）どおり「ユーラシア」としておりますこと、
ご了承願います。（ゆまに書房　出版部）

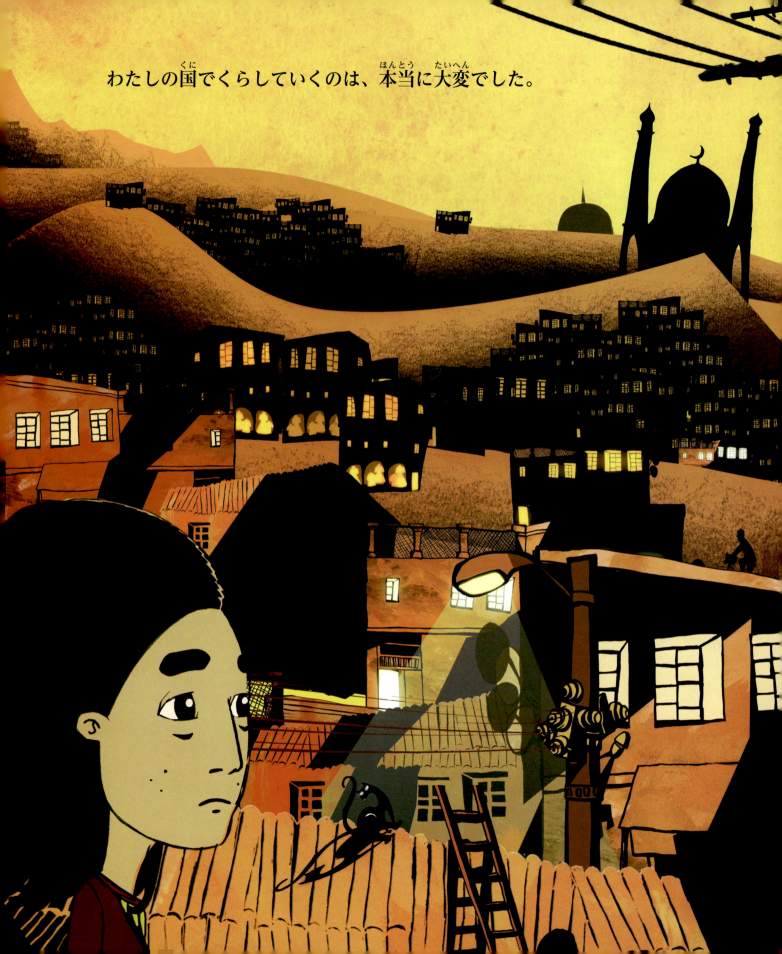

ほとんどの人が、同じ宗教を信じています。
でも、おかあさんが信じていたのは、ちがう宗教です。
だからわたしは、学校にかよえませんでした。

まわりの子はみんな
ふつうの生活をしていました。
学校にかよったり、友だちと外で遊んだり。
それなのに
どうして、わたしだけ……

たいていの国では、だれが、どんな宗教を信じるのも、自由です。
でも、わたしの国では、それは慣習に反しました。
宗教を選ぶことなど、できなかったのです。

それでも
キリスト教徒のおかあさんは
毎週日曜日に、こっそり
教会にかよっていました。

ところが、あるとき
ないしょで礼拝をしているところに
警察が、ふみこんできたのです。
以来、意地悪と危険だらけの毎日が
はじまりました。

たった一晩で、すっかり変わってしまった生活。
おかあさんは、近所の人たちから
冷たいしうちを受けるようになりました。
やがて、おかあさんは言いました。
「もう、いたたまれないわ」

わたしたちは、ひそかに
国を出ていくことにしました。
だれにも知らせませんでした。
おとうさんが見つけてきた人の
トラックの荷台に、乗せていってもらいました。

旅のあいだずっと、3人で体をよせあっていました。
そして、ただひたすら、ねていました。
荷台の中はまっ暗で、朝なのか、夜なのかもわかりませんでした。

そのうちに、時間の感覚もなくなりました。
どこを走っているのか
どこに向かっているのか
見当もつきませんでした。

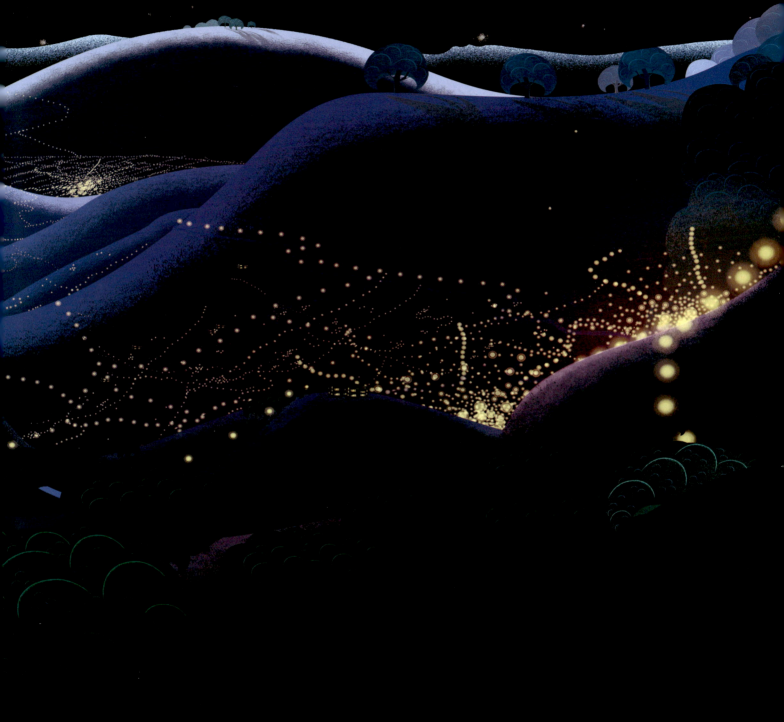

ようやく、新しい国に着きました。
そして、ずっと夢見ていたくらしが
できるようになっていったのです。

友だちもできました。安心して、外で遊べました。
家族3人で、ごくふつうの生活が、送れるようになったのです。

けれど、やがて届いた1通の手紙が、すべてを変えました。
手紙には、書いてありました。「この国に滞在することを許可しない」
たった1枚の紙切れのせいで
わたしの生活はまた、すっかり変わってしまったのです！

次の朝6時に、家にやってきたのは
怪物みたいに、大きな大きな男の人たちでした。
わたしたちは、トラックに乗せられ
拘置所につれていかれたのです。

ドン！ドン！ドン！「ここから出してくれ！」
拘置所のドアをたたく音が、ひっきりなしに聞こえてきました。
四方をかこむ、高い高い壁。
外のようすは、まるでわかりませんでした。

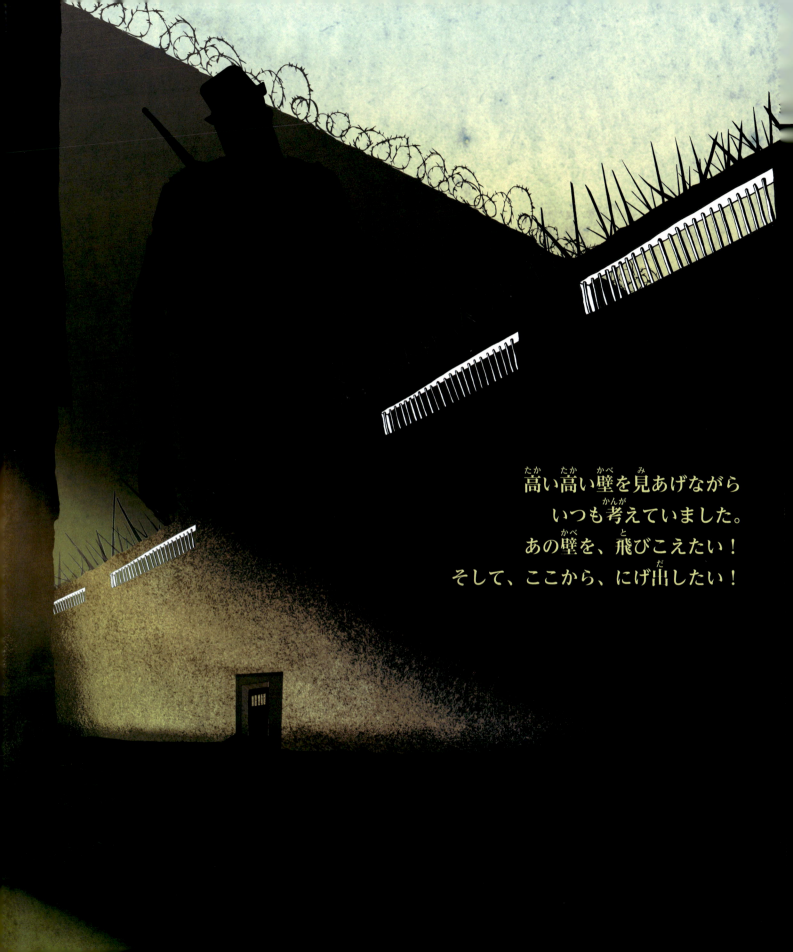

高い高い壁を見あげながら
いつも考えていました。
あの壁を、飛びこえたい！
そして、ここから、にげ出したい！

よく、鉄ごうしをぎゅっとつかんでいました。
よその国に来てまで
拘置所に入れられているのが、信じられませんでした。
悪いことなんて、何もしていないのに……

しばらくすると
ようやく
拘置所から出してもらえました。

だけど、いつ、また、同じことが起こるかもしれないと
たえず、ひやひやしていました。

そして、不安は的中しました……

ただ、今度つれていかれたのは
拘置所ではありませんでした。
空港です。
そして、そのまま飛行機に乗せられ
自分の国に、送りかえされたのです。

でも、だれひとりとして「お帰り！」とは言ってくれませんでした。
向けられるのは
うとましさと、にくしみの目だけ。
「自分たちの国をすてて、外国に行った！」と
責められました。

ある日、おかあさんが
気を失って、たおれました。
だれかに、頭をなぐられたのです。

「助けてください！」
家族で、あちこち、まわりました。
ところが、手をさしのべてくれる人は
いませんでした。
だから、おかあさんは決心したのです。
もう一度、この国を出るしかない、と。

おかあさんは
亡命の手助けをしてくれる人を、さがしてきました。
それから、まもなくして、脱出することができました。

「お帰り！」
もどってきた、新しい国では
みんなが、あたたかくむかえてくれました。
ようやく、ほっとできました。

また、ふつうの生活が
できるようになりました。
でも、わたしの心の底には
いつも、不安がありました。
何か、おそろしいことが
いつ、また、起こるかわからない、と。

ある日、電話がかかってきました。
きっと、悪い知らせだ。
でも、電話の向こうから
女の人が言いました。
いい知らせだ、と。
この新しい国に
滞在することを、ようやく
許可してもらえたのでした。
天にものぼる心地でした！

1本の電話のおかげで
わたしの生活は、また
すっかり変わりました。
そして、もう二度と、変わることはないのです！

これまでの経験から、いろいろなことを学びました。
これからは、法律を勉強して
わたしたち家族と、同じような目にあっている人たちの
力になりたい、と思っています。

悲しいけれど、世界には
つらい思い、大変な思いをしている人が
まだまだ、たくさんいます。
でも、いつか、世界で活やくできる弁護士になって
こまっているすべての人の、役に立ちたい！
それが、わたしの願いです。

難民の理解のために

みなさんは「難民」と聞くと、どのような人を想像しますか。世界にはさまざまな理由で自分の故郷を捨てなければならない人々がいます。ＵＮＨＣＲ（国連難民高等弁務官事務所）発表によると、2015年末の時点で、世界中で6,530万人が、内戦や治安悪化などによって難民や国内避難民などとして故郷を追われ、強制的に移動しなければならない状況に置かれています。

このうち、2,130万人が、母国を離れ他国に逃れている「難民」、約4,080万人が自国にとどまって避難生活を送っている「国内避難民」、そして320万人が「庇護希望者」です。いま、日本の人口は約1億3千万人ですが、世界ではその半数近くにあたる人々が故郷を追われているのです。

数字にしてしまうと、一人ひとりの顔が見えず、ただの大きな数の集団としか感じられないかもしれません。でも、その一人ひとりに、人種や宗教が違うというだけで迫害されたからとか、武力紛争が激化して安全でなくなったからとか、故郷を捨てなければならないそれぞれの理由があります。

そして、避難する長い道のりの途中で家族が離れ離れになってしまったり、地雷を踏んで手足を失ってしまったりといった、それぞれの物語があります。なんとか生き延びたとしても、難民を受け入れている国も経済的に貧しい場合も多いので、避難先で十分な食料や生活に必要な物資の支援を受けられないこともあります。学校に行けなかったり、たとえ通えても、言葉が違ったりして、授業が理解できないかもしれません。もちろん、難民となっても、逃れた先で一生懸命に努力して、生活の基盤を築き、成功をおさめる人もいます。

本書は難民となった子どもたちの実話です。いま、この瞬間にも世界のどこかで故郷を捨てて逃げている最中の子どもたちがいます。この本を読んで、そんな子どもたちの苦悩・希望・決意を少しでも想像してみてください。そして、世界の難民に対して、みなさんができることが何かないかを少しでも考えてくれたらうれしいです。

「難民を助ける会」専務理事
堀江良彰